MICHAEL FINK

Freispiel Impulse

Malen und Gestalten

HERDER
FREIBURG · BASEL · WIEN

Postanschrift des Verlages: Hermann-Herder-Straße 4, 79104 Freiburg.
E-Mail-Adresse für Kundenanfragen im Zusammenhang mit Produktsicherheit:
produktsicherheit@herder.de

www.herder.de

Umschlaggestaltung: Sabine Ufer
Umschlagfoto und Fotos im Innenteil: Michael Fink
Satz und Gestaltung: Sabine Ufer

Herstellung: Prografix sp. z o.o.
Printed in Poland

ISBN 978-3-451-38770-8

Inhalt

Freispiel wird Kunst

Dieses Buch stellt 26 Ideen für Kreativangebote im Kindergarten vor. Getreu dem Titel „Freispiel-Impulse“ sind es keine Ideen für Angebote, die pädagogisch geleitet werden müssen, sondern offene Impulse für die Kinder. Immer geht es darum, ein Materialangebot bereitzustellen, das die Kinder selbstständig nutzen können. Eine Auswahl der hier vorgestellten Material-Sets kann in Kisten aufbewahrt im Raum verbleiben, auf dass sich die Kinder nach Belieben damit beschäftigen können.

Selbstständigkeit ist Trumpf

Einige der hier vorgestellten Material-Sets sind so konzipiert, dass beim Spiel wenig Schmutz und Schmiererei entsteht. Ganz ausschließen lässt sich der nervige Nebeneffekt von Kreativangeboten nicht. Aber zum sinnlichen Erleben sind die Hände wichtig, und das Verschütten von Farbe erzählt viel über Fließeigenschaften ... Das spricht nicht gegen eine selbstständige Nutzung durch die Kinder, sondern für das Vermitteln eines guten Umgangs mit dem jeweiligen Material: „Ihr wisst, welche Regeln wir für das Arbeiten mit flüssiger Farbe haben?“

Kreatives Spielen

Bei den Kreativangeboten in diesem Buch steht zuallererst das sinnliche Erleben des Materials im Vordergrund: Es ist interessant und erholsam, die Finger in kratzig-klebrige Sandfarbe zu versenken oder ganz sensibel Tupfer mit merkwürdigen Malgeräten zu hinterlassen. Ist das aber überhaupt Spiel, wenn dann Bilder gemalt und Figuren geknetet werden? Klare Antwort: Spiel ist alles, was die Kinder in eigener Regie tun. Das Besondere beim Mal-Spiel, um das es hier geht, liegt in den Eigenschaften der Spielmaterialien, die mal glibberig und klebrig, oft feucht, meist knallbunt sind und hochinteressante Spuren hinterlassen. Darf man damit frei hantieren, hinterlässt auch das Spuren: Nervige an den Wänden, aber unglaublich wertvolle Spuren im Erfahrungsschatz der Kinder.

Lernen mit Aha-Effekt

Denn beim kreativen Spielen geht es auch um knallhartes Lernen: Die Kinder entwickeln nicht nur handwerkliche Fähigkeiten, sondern sie gewinnen viele kognitive Einsichten. In Bildung steckt nicht umsonst das Wort Bild drin. Kinder müssen sich „ein Bild machen“, um abstrakte Dinge zu verstehen oder Eindrücke zu ordnen. Ein Rätsel, das man erst mal knacken muss, sind viele künstlerische Techniken – etwa wenn sich beim Drucken oder der Frottage ein Bild vervielfacht, wenn sich beim Malen einzelne Farben zu einer neuen mischen, wenn bestimmte Dinge ganz charakteristische Spuren hinterlassen. Kunst machen ist kreativ – und bietet zudem unzählige Aha-Effekte.

Vorbereitung

Zum Kreativwerden sind keine aufwendigen Materialien nötig, das meiste lässt sich ganz einfach beschaffen (Bezugsquellen siehe S. 64). Und dann kann's losgehen!

Vier kurze Regeln für das Arbeiten mit Material-Sets

Material beschaffen und vorbereiten

„Ah, ich weiß schon, was man hier machen kann!“ Bieten Sie die Materialien bei jedem der in diesem Buch vorgestellten Sets auf dem Arbeitstisch oder einem Tablett so geordnet an, dass man sofort erkennt: Aha, dieses Material wird wohl mit diesem Werkzeug bearbeitet und dann auf diesem Untergrund aufgeklebt? Beim Auslegen können Sie sich gedanklich an Montessori-Tabletts orientieren, bei denen man genau erkennt, welche Handlungen mit dem Material möglich sind. Stellen Sie Arbeitsergebnisse oder Fotos vom Arbeitsprozess auf, um den Kindern zu zeigen, was man hier tun könnte.

Am Anfang begleiten

Obwohl die Material-Sets selbsterklärend sein sollten: Hinstellen und die Kinder machen lassen funktioniert oft nicht. Führen Sie ein neues Materialangebot daher einmal kurz ein: Zeigen Sie, wie man die Dinge benutzt und was man damit machen könnte. Bei den ersten eigenen freien Experimenten mit den Materialien tut es den Kindern gut, wenn Sie durch Lob und Interesse zeigen, dass ihr Tun in die richtige Richtung geht: „Oh, das sieht schön aus!“

Wenig Gemecker bei Geklecker

Kreativität lebt davon, dass man sich ins Tun versenken kann. Ermahnungen und Ordnungsrufe stehen dem entgegen, und Kinder verlieren schnell die Lust. Versuchen Sie, nötige Eingriffe auf ein Mindestmaß zu beschränken, indem Sie vorab klare und beherrschbare Regeln für das Nutzen der Material-Sets festlegen: Hier braucht man eine Schürze, fertige Kunstwerke kommen hierhin, nach Benutzung räumen wir diese Dinge dorthin zurück.

Öfter mal was Neues

Man merkt schnell, wenn ein Materialangebot langweilig wird – weil die Kinder es links liegen lassen oder damit Blödsinn machen. Beobachten Sie so etwas, ist es Zeit, das Angebot durch ein anderes zu ersetzen – oder es zu verändern: Oft hilft es, Materialien eines Sets durch Dinge mit ähnlichen, aber unterschiedlichen Eigenschaften auszutauschen. So können die Kinder probieren, die gelernte Technik auf das veränderte Material zu übertragen: Ob man in der Kreppmalschleuder wohl auch Schwammstücke oder Murmeln zum Bildermalen verwenden kann?

Fühl-Farben

Wie sich das anfühlt! Bei den folgenden Mal-Sets kommen die Sinne zum Zuge – vor allem der Tastsinn. Die Kinder begegnen gepanschten, mit anderen Materialien vermengten Farben, die sich mal warm und pastös, mal cremig, mal dünnflüssig anfühlen. Diese Farben sind in erster Linie ein Angebot für die Finger, die Hände, zu denen sie zu sagen scheinen: Mach was mit mir! Finde raus, wie du mich am besten schmieren, tropfen, spachteln kannst!

Oft ist es ziemlich nebensächlich, welchen Farbton die Massen haben, mit denen die Kinder schmieren, agieren, verzieren. Und doch entstehen nebenher manchmal Bilder von unerwarteter Schönheit.

Krepppapierschleuder

→ Material: festes Zeichenpapier, rund oder länglich zurechtgeschnitten; Krepppapier in mehreren Farben; Wasser; kleines Schüttgefäß; eventuell Tapetenkleister, sehr dünn angerührt

Die Idee

Hervorragend lässt sich eine Salatschleuder als Farbschleuder umnutzen. Hinreißende Bilder bei vergleichsweise wenig Kleckerei entstehen, wenn man die Schleuder mit Krepppapier und Wasser betreibt.

Vorher ...

... zupfen Sie – gerne mit den Kindern – Krepppapier in etwa kinderhand-große Fetzen, die teilweise geknüllt oder zu Streifen zerrissen werden. Je unterschiedlicher die Krepp-Fetzen sind, desto interessanter werden die Bilder. Legen Sie die Fetzen nach Farbe sortiert bereit, dazu einen Becher mit Wasser. Schneiden Sie die Zeichenpapiere passend zur Schleuder zu – entweder schmal für den Rand oder rund für die Mitte.

So geht's

Die Kinder drehen die Schleuder, nachdem sie Papier eingelegt, einen großen Spritzer Wasser und viele Krepppapierfetzen hineingegeben haben. Statt die nun auf dem Papier klebenden Krepp-Fetzen abzuziehen, könnten Sie diese auch dauerhaft dort kleben lassen, indem Sie statt Wasser dünnflüssig angerührten Kleister verwenden. Währenddessen kippen Sie das bunte Wasser weg, weil sonst die Bilder immer weniger farbenfroh werden. Die nassen Krepp-Fetzen könnten als Bild-Knet-Material weiterverwendet werden.

Sunshine

SOUTH
BEACH

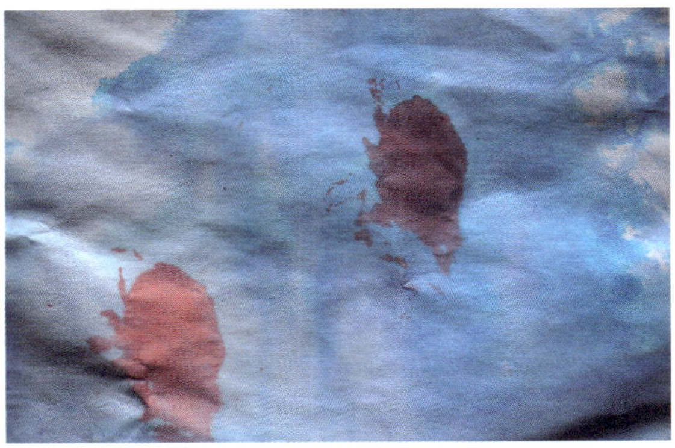

Frischhaltefolie als Malgrund

➔ **Material:** Frischhaltefolie, Hocker oder kleiner Tisch (am besten mit eher dünnen Beinen), Farbnapf, Fingerfarbe, Wasserbecher, nasser Lappen

Die Idee

Drei Schichten Frischhaltefolie, gespannt um die Beine eines umgedrehten Hockers oder Tischchens, ergeben eine tolle Staffelei, auf der zwei Kinder von gegenüberliegenden Seiten auf transparente Folie malen können. Das Gleiche funktioniert im Großformat im Garten, indem die Folie zwischen zwei Bäume gespannt wird.

Vorher…

… die umgedrehte Platte eines stabilen Hockers oder eines Tischchens mit geraden Beinen als Kleckerschutz mit einer Schicht Frischhaltefolie einwickeln, dann die Beine (mindestens) dreischichtig umwickeln. Farbe bereitstellen und den nassen Lappen zum Fingerabwischen bereitlegen.

So geht's

Von zwei Seiten malen die Kinder nun aufeinander zu. Weil jeder Fingerstrich auf der anderen Seite zu sehen ist, entsteht bald ein buntes Gemälde, bei dem sich die Farbschichten teilweise zu mischen scheinen. Es macht Spaß, einfach nur Flecken zu malen, aber auch Gesichter – vielleicht je ein Porträt vom Gegenüber? Ein Kind kann sein Gesicht gegen die Folie pressen, um sich von der anderen Seite schminken zu lassen, ohne bunt zu werden. Die Bilder können sie zum Schluss mit der Schere abschneiden: Ein perfektes, von selbst an der Scheibe haftendes Fensterbild!

Spachtelbare Sandmatschfarben

➔ **Material:** Tablett A3, Pappkarton-Abschnitte, Fingerfarben, Sand, Tapetenkleister, Wasser, Becher, Spachtel, Eiskratzer, Plastik- oder Holzgabel, Farbwalze, diverse Naturmaterialien etc., Schere oder Cutter (VB)

Die Idee

Rotbraun, grünbraun, blaubraun – und herrlich pampig sind diese Selfmade-Farben. Ideal zum Schmieren, Spachteln, Kratzen auf rauen Oberflächen!

Vorher ...

... stellen Sie Matschfarben in drei Tönen her. Dazu kochen Sie Puddingfarbe auf (Kurzrezept siehe S. 64), verteilen die Masse auf drei Gefäße und geben so viel Sand und Wasser hinzu, bis ein träger Brei entsteht. Jeweils einen großen Spritzer Fingerfarbe zugeben. Fertig ist das spachtelfähige Material. Als Malgrund schneiden Sie Pappen etwa 30 x 30 cm zu, legen Löffel und verschiedene Spachtel und Eiskratzer bereit, zusätzlich noch Naturmaterialien.

So geht's

Die Matschfarbe lässt sich auf den pappigen Malgrund löffeln, mit Spachteln verschmieren und mit dem Eiskratzer in Streifen ziehen. Oder mit der Walze überrollen ... Schön sieht es aus, wenn sich zwei Schichten Eiskratzer-Streifen in verschiedenen Farbschichten kreuzen. Gute Mal-Themen: Höhlenmalerei, Straßenbau etc. Die Bilder trocknen eine Weile, werden dann fast fest wie Beton und fühlen sich mit ihren Strukturen gut an.

Schnelle Deo-Flitzer

➔ **Material:** Glas-Deostifte (leer), Tablett, Papier, weiche Unterlage (Filz, Moosgummi etc.) in Größe des Tabletts, Farbe, Wasser, evtl. Schraubenzieher (VB)

Die Idee

Wie ein riesiger Kugelschreiber ist ein Deostift aufgebaut. Eigentlich naheliegend, ihn auch mit „Tinte" in Form von Fingerfarbe zu befüllen, um damit schnelle Striche aufs Blatt zu zeichnen!

Vorher …

… öffnen Sie vorsichtig den Deostift an der Stelle, wo auf dem Glasbehälter der Plastikring mit der Kugel aufsitzt: Ein Schraubenzieher in der Ritze zwischen Glas und Plastik und etwas Druck sind dabei hilfreich. Den Deostift mit Fingerfarbe füllen, die mit ein wenig Wasser leicht verdünnt werden darf, dann malt sie besser. Deckel wieder draufdrücken, ein paarmal den Deostift über ein Blatt Papier rollen lassen, bis sie Farbe transportiert …
Damit der Stift auf dem Blatt gut malt, hilft ein Trick: Unter das Blatt Papier ein weiches Tuch legen – zum Beispiel Filz, ein Stück Moosgummi, Stoff oder Schwammtücher. Durch die weiche Unterlage schiebt sich der Stift langsamer übers Blatt, malt aber durch den höheren Druck besser.

So geht's

Flott gerollt wird nun der Farb-Deo-Stift. Der Rand des Tabletts hilft dabei, dass die schwungvollen Farbstreifen im Rahmen bleiben.

Schüttelbox mit Muffin-Bar

→ Material: festes Zeichenpapier, klein; verschließbare Box oder Pappkarton (dicht); Muffinform; Fingerfarbe; Löffelchen; Murmel, kleine Bälle, Tannenzapfen, Steine, Hülsenfrüchte, Federn, Schwammstücke etc.

Die Idee

Gib ein Papier, Farbe und ein paar klappernde Dinge in einen Kasten, schüttle ihn durch und lass dich von den entstehenden Bildern überraschen: Nach diesem Prinzip funktioniert dieses Bildermal-Set. Clou ist die animierende Material-Bar in den Öffnungen einer Muffin-Form.

Vorher …

… wählen Sie geeignete Klapper-Gefäße aus, dichten diese eventuell mit Klebeband ab, damit keine Farbe hinausläuft. Geben Sie verschiedene Farben in drei der Muffin-Form-Öffnungen, dazu ein Löffelchen oder eine Pipette. In die anderen Öffnungen kommt ein – wöchentlich wechselndes – Angebot an unterschiedlichen Gegenständen.

So geht's

„Was schütteln wir jetzt" könnte die Devise der Kinder beim Ausprobieren lauten. Es ist gut, vielleicht zwei verschiedene Farben mit zwei verschiedenen Gegenständen rütteln zu lassen – und dann die Wirkung zu betrachten. Interessante Bilder entstehen oft, wenn man Bilder trocknen lässt und abermals durchschüttelt.

Farbrollen über Gittern und Musterschablonen

➔ **Material:** festes Zeichenpapier; Farbwalzen; Lackierrollen oder Schwimmnudelstücke; kleine Farbwannen; Fingerfarbe, mit Puddingfarbe gestreckt; Papier-Tortenspitzen oder Spitzendeckchen; evtl. Armierungsgitter aus Plastik; Schablonen; evtl. flaches Einsteck-Abflusssieb und andere flache Materialien mit Löchern; evtl. Rundholzstab 30 cm

Die Idee

Rollt man Farbe über flache Gegenstände mit Lochmuster aus, entstehen schöne Strukturen auf dem darunterliegenden Papier. Ein Kreativ-Spaß, der besonders gut mit klebriger Pudding-Farbe gelingt.

Vorher ...

... Puddingfarbe anrühren (siehe S. 64) und mit jeweils einem Spritzer Fingerfarbe färben. In die Farbwannen jeweils etwas bunte Puddingfarbe geben. Legen Sie Farbrollen passend zu den Schablonen aus: Dicke Materialien brauchen weichere Rollen wie die Lackierrolle, damit die Farbe durchkommt. Wenn Sie ein Schwimmnudelstück – vielleicht 10 cm – als Farbwalze verwenden, bohren Sie vorher den Rundstab wie bei einem Nudelholz als Griff durch.

So geht's

Schnell verstehen die Kinder, wie man mit der Farbwalze malt. Ebenso schnell begreifen sie, wie man die Schablonen auf das Papier legt, um mit Farbe darüberzurollen und schöne Muster zu erzeugen. Lässt man die Bilder trocknen, gibt es schöne Ergebnisse, wenn man bunte Blätter ein zweites Mal mit neuer Farbe überrollt.

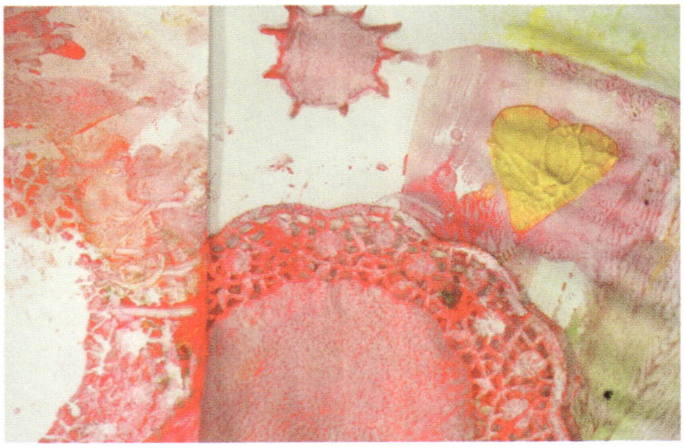

Selfmade-Baustein-Stempel

➔ **Material:** Stücke von geschäumtem Plastik (Poolnudel, Rohrisolierung, Verpackungsmaterial), Cutter (VB), Stempelkissen in mehreren Farben oder Schwämme, Feinstrumpfhose und kleine Gefäße sowie Stempelfarben, Papier, Stifte, Holzklötze, Heißkleber (VB)

Die Idee

Wie mit Lego kann man mit diesen in Form geschnittenen Stempeln aus Schaumgummi Wände, Bögen, Fahrzeuge, Figuren zusammenbauen – aber nicht dreidimensional, sondern in 2D durch Stempeln auf dem Papier.

Vorher ...

... schneiden Sie jede Menge Stempel zurecht – gut geeignet sind Schwimmnudeln etc. Nutzen Sie die Maßverhältnisse von Bausteinen – also rechteckiger „Normstein", halber Stein, Dreieck, Bogen, dazu einige krumme Formen. Kleben Sie die Schwammstücke mit Heißkleber auf Holzstücke – etwa Bauklötze –, dann lassen sie sich leichter stempeln. Drei oder vier Stempelkissen in verschiedenen Farben können Sie preiswert selbst herstellen, indem Sie Schwämme in etwa 1 cm hohe Scheiben schneiden, mit einem Stück Feinstrumpfhose umhüllen und in eine passende Box legen (z. B. eine Muffinform). Stempelfarben oder dünne bunte Tinte hineingeben, fertig.

So geht's

Zeigen Sie den Kindern, wie man mit den Stempeln mauern kann, Figuren zusammenstempeln kann und wie gut es aussieht, wenn sich zwei übereinander gestempelte Farben mischen ...

Bürsten-Flipper

➔ **Material:** Badebürste (ohne Stiel) oder ähnliche dicke Bürste; Gummilitze; Pappkarton mit Rand, flach; Schere (VB), Fingerfarbe, Papier

Die Idee

Dicke, schwere Badebürsten malen gut und rutschen prima über Papier. In diesem dynamischen Mal-Set sind Gummibänder kurz über der Malfläche befestigt. Spannt man eine Bürste ein und lässt sie los, saust sie über das Papier – und hinterlässt Farbe.

Vorher …

… schneiden Sie bei einem größeren Pappkarton die Seitenwände bis auf 6 cm Höhe ab. In der Mitte der vier Wände bohren Sie etwa 2 cm über dem Boden ein Loch, fädeln die Gummilitze durch je zwei gegenüberliegende Löcher und spannen sie straff. Legen Sie Papier ein, setzen Sie die Bürste hinein und probieren Sie, ob sie lossaust, wenn man sie einspannt und loslässt.

So geht's

Farbe hineingeben, die Bürste spannen – und loslassen! Mit raschelndem Geräusch erzeugt die Badebürste nun kratzige Schmierspuren auf dem Boden, und es macht Spaß, sie auf immer neue Weise in Bewegung zu versetzen. Dabei entsteht ein Bild, das durch mehrere Fingerfarben schön bunt wird. Ist die Farbe zu zäh, geben Sie etwas Wasser dazu – oder dünnen Tapetenkleister. Nach der Malaktion fummeln Sie das Papier heraus und lassen es trocknen. Abspülen tut den Bürsten gut.

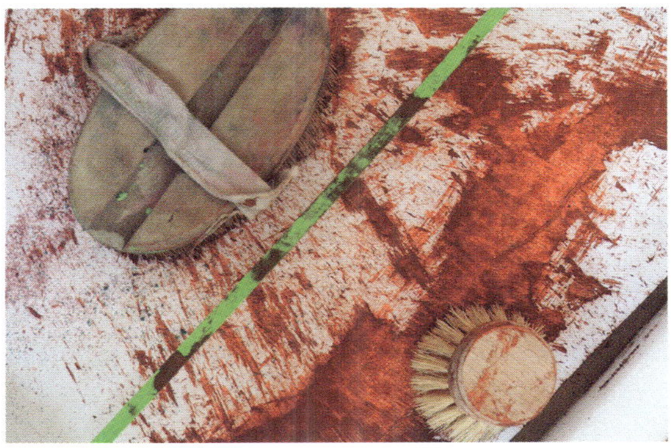

Unter-Sand-Malkasten

→ **Material:** Tablett mit hohem Rand; trockener Sand; Papier; Wachskreiden; Farbstifte, evtl. Pinsel und Wasserfarbe oder Fingerfarbe, evtl. „Puppenbesen“ oder Fensterwischer

Die Idee

Malen oder zeichnen – aber der Strich verschwindet sofort wieder: Diesen interessanten Effekt erlebt man beim Malen auf einem komplett mit feinem Sand bestreuten Papier. Das macht Spaß und garantiert einen Aha-Effekt beim Betrachten des aus dem Sand gezogenen Malblattes!

Vorher ...

... wählen Sie ein Tablett mit hohem Rand aus, damit der Sand nicht sofort über die Ufer tritt. Legen Sie darauf mehrere Papiere bereit, weil es einfacher ist, nach dem Zeichnen das obere Blatt zu entfernen. Geben Sie eine dünne Schicht Sand darüber. Legen Sie Wischer oder Mini-Besen bereit.

So geht's

Beim Malen im Sand-Kasten schiebt man mit jedem neuen Strich den Sand über vorherige Malereien, die dann wie der Boden einer verwehten Wüstenstadt verschwinden. Wer bereit ist, den Sand regelmäßig zu erneuern, kann auch das Malen mit Pinsel und Farbe erproben lassen, bei dem sich der Sand nach und nach mit der Farbe mischt und zu einer klumpigen Masse wird. Und bei fester, klebriger Farbe bleibt ein Teil des Sandes darauf haften, was nach dem Abklopfen des Sandes vom Blatt interessant aussieht.

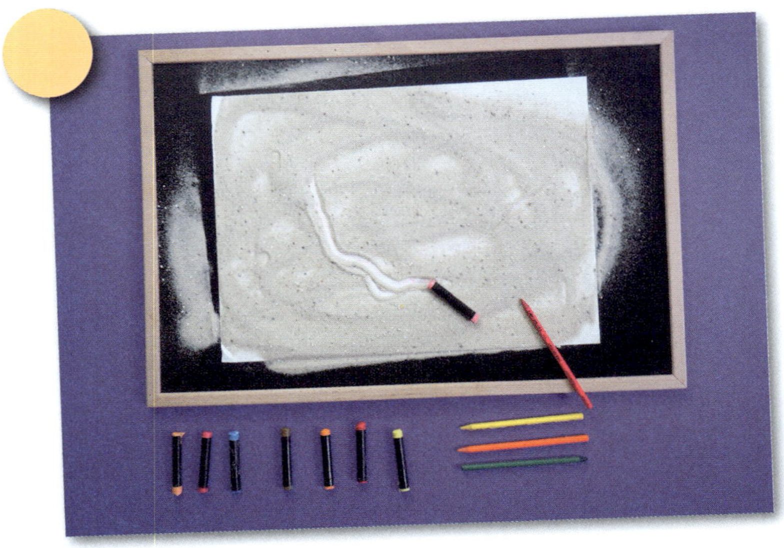

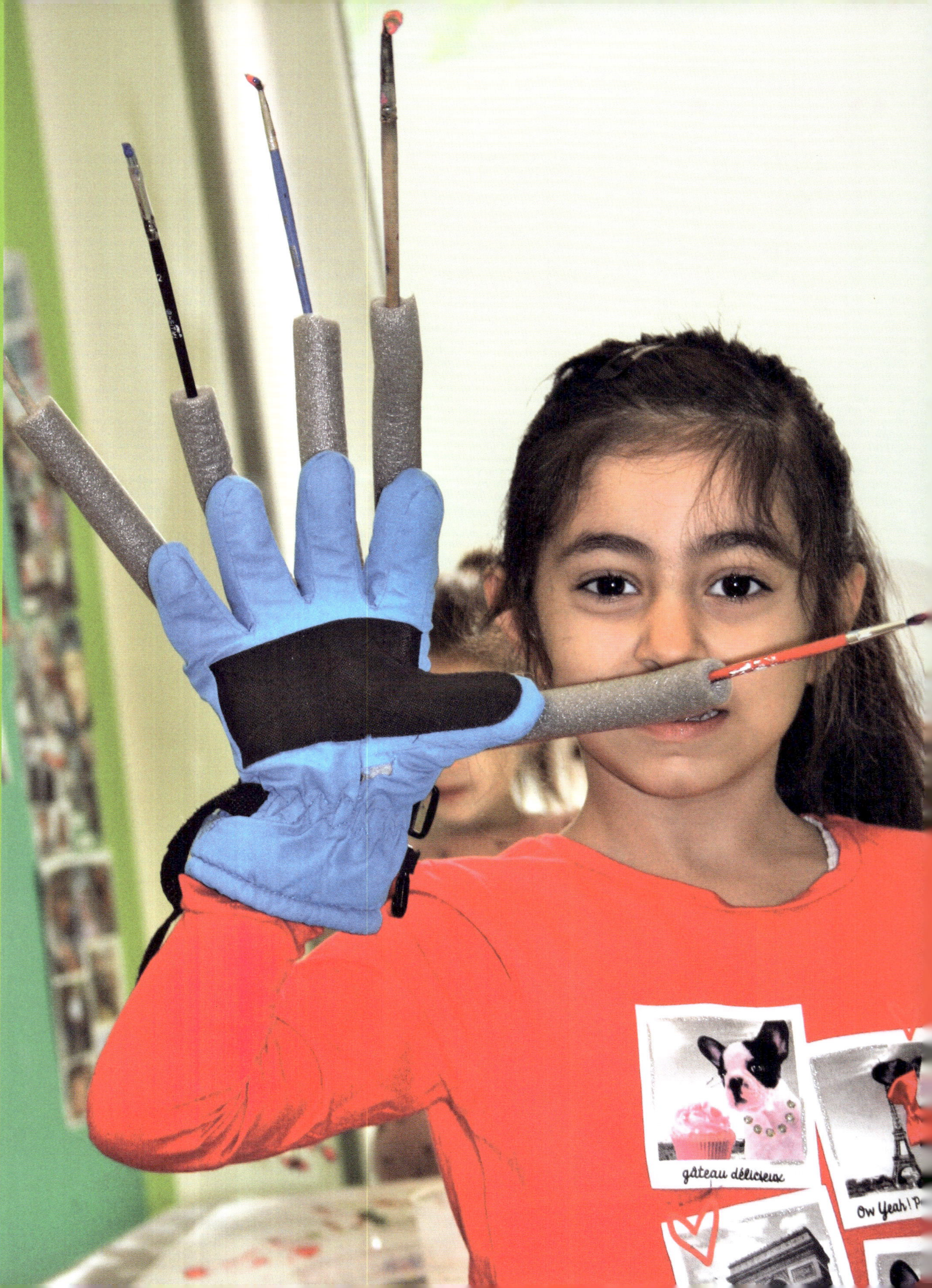
gâteau délicieux

Forscher-Kunst

Wie funktioniert denn das? Bei allen folgenden Aktionen gibt es einen besonderen Effekt, durch den ein Bild entsteht. Wenn die Kinder an diesen Mal-Sets sitzen, versuchen sie im Grunde, den Trick – oder sprechen wir besser von künstlerischer Technik – zu verstehen, indem sie ihn wieder und wieder anwenden.

Sie lernen dabei, ohne es recht zu merken, viel. Erstens eignen sie sich eine künstlerische Technik an, die sie bei zukünftigen kreativen Vorhaben einbringen können. Zweitens betreiben sie mal Materialforschung, mal erkunden sie die Schwer- oder Zentrifugalkraft, mal erproben sie ein wenig Chemie-Grundlagen – Kindergarten-Wissenschaft eben!

Verrückte Selbstbau-Pinsel

→ **Material:** Schwimmnudel, diverse Pinsel, Winter-Handschuh, Fugenfüllprofil, Malgeräte wie Pinsel und Stifte, Wattestäbchen, Heißkleber (VB), Farbe, Papier, Wasser, Teller als Farbpalette

Die Idee

Ungewöhnliche Pinsel animieren zum Malen! Und laden ein, vielleicht Ideen für neue Pinselformen zu entwickeln!

Vorher …

… stellen Sie Dreifachpinsel und Malhandschuh her. Bei beiden nutzen Sie flexiblen Schaumstoff: Für den Dreifachpinsel einfach ein etwa 5 cm langes Stück Schwimmnudel abschneiden und Pinselstiel, Stift oder Wattestäbchen hineinstecken. Gibt man einen Punkt Heißkleber auf die Verbindungsstelle, wird der Pinsel besonders fest. Auf gleiche Weise lässt sich ein weiterer Holzstab als Stiel für den Mehrfachpinsel einstecken und festkleben.
Für die Handschuhe 20 cm lange Stücke des dünneren, aus gleichem Material bestehenden Fugenfüllprofils abschneiden und mit Heißkleber oder Klebeband an den Handschuhfingern befestigen. In diese „Langfinger" stecken Sie die Pinsel oder Stifte von der Spitze her hinein.

So geht's

Auf großen Papierbögen ist der Malspaß mit den verrückten Pinseln am größten! Wenn die Kinder Lust auf eigene Pinsel-Kreationen bekommen, bieten Sie weitere Schwimmnudel- oder Fugenprofilstücke an, um dort – vielleicht mithilfe eines spitzen Holzstabes – Blätter, Schnüre, Tannenzweige, Zahnbürsten hineinzustecken.

LOVE
LOVE
Sunshine

Buntes Pauspapier zum Kopieren

➔ **Material:** Tablett; Set Kohlepapier in Schwarz, Blau und vielen weiteren Farben; Druckpapier; gesammelte Fotos und Zeichnungen; leere Kugelschreiber oder Durchreibestifte zum Kohlepapier; kleine Gegenstände mit markanter Grundfläche

Die Idee

Unsichtbar kritzeln – und auf dem Blatt unter dem Blatt entsteht ein Bild! Das gute alte Pauspapier ist super geeignet, um zauberhafte Bilder entstehen zu lassen.

Vorher …

… größere und kleinere Stücke Pauspapier in mehreren Farben zurechtschneiden. Bildvorlagen sammeln – zum Beispiel Konturzeichnungen von Tieren, Menschen, Autos, schöne Bilderbuch-Bilder etc.

So geht's

Wie man das Pauspapier richtig herum einlegt, führen Sie vor. Und dann entsteht unterm Malpapier ein Bild. Das funktioniert mit Figuren, aber auch das Kopieren von Schrift macht Eindruck, weil man plötzlich schreiben kann! Auch Stempeln funktioniert: Mit Schwung eine Münze flach auf das Papier hauen – und sich über den Abdruck freuen.

20

Vaseline-Farbe-Papierbatik

→ **Material:** Farbtabletten oder Fingerfarben; Wasser; Vaseline; Borstenpinsel; evtl. flache Näpfe, evtl. Seifenspender, evtl. Pipetten; flache Plastikbox, festes Zeichenpapier in Weiß oder Pastell; evtl. Teelichter ohne Hülle

Die Idee

Fett und Wasser stoßen sich ab. Diesen Effekt kann man nutzen, um nach der Art des Batikens Bilder herzustellen, bei denen weiße Muster die Farbflächen auflockern.

Vorher ...

... die dünnflüssige Farbe anrühren. Am besten gelingt das mit Farbtabletten, die Sie in Wasser auflösen, bis eine farbkräftige Tinte entstanden ist. Diese entweder in Näpfchen bereithalten, damit die Kinder sie mit Pipetten aufs Papier bringen, oder die Farbe in den Seifenspender füllen. Das Papier in einer flachen Box auslegen, damit der Raum trocken bleibt.

So geht's

Mit unsichtbarer Farbe – in Form von Vaseline, mit Finger oder Borstenpinsel verteilt, oder mit dem Teelicht – malen die Kinder auf dem Papier. Man sieht nichts – aber wenn die Kinder per Seifenspender oder Pipette Farben daraufgießen, tritt die Vaseline- oder Wachs-Zeichnung deutlich zutage. Wenn die Malfarbe – zum Beispiel Rot – ein wenig eingezogen ist, lässt sich wieder neue Vaseline auftragen, sodass bei einer zweiten Farbschicht die neuen Vaseline-Schichten in Rot hervorleuchten.

Bautz'ner
Senf

Zahnradschablonen

→ **Material:** Tablett A3; Kästchen, darin gut gereinigte Fahrradteile und andere schön geformte Teile aus der Auseinanderbauwerkstatt; Fineliner, Buntstifte oder Textmarker, Silberstift; weißes oder gelbes Papier; evtl. Inspirationsbild

Die Idee

Für dieses Mal-Set liegen allerlei nach Maschine aussehende Teile bereit, zum Abmalen, Frottieren oder Umranden. Ideal, um daraus auf Papier eine verrückte Maschine zu konstruieren!

Vorher...

... beschaffen Sie im Fahrradladen Kettenräder. Die sind oft kostenlos zu haben. Zur Reinigung empfiehlt sich das Abreiben mit Waschbenzin oder Desinfektionsalkohol. Zusätzlich eignen sich Teile, die beim Auseinanderbauen von Kleinelektrogeräten anfallen.

So geht's

Wie eine Schablone legen die Kinder nun die Zahnräder auf das Blatt und umranden sie mit dem Stift. Das funktioniert prima, weil die recht schweren Teile gut aufliegen. Ebenso viel Spaß macht es, das freie Innere des Zahnrades kritzelnd zu füllen oder die Räder unter das Blatt zu legen, um ihre Form mit weichen Bleistiften durchzureiben. Fast wie von selbst entstehen beim Tun spannende Zeichnungen von Maschinen auf dem Blatt.

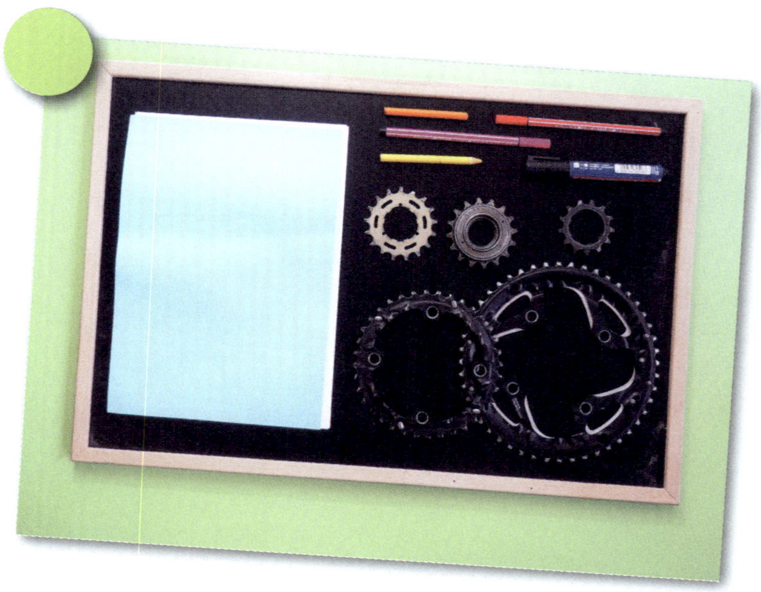

Aluminium zum Durchrubbeln

→ **Material:** Alu-Grillschalen oder Alu-Serviertabletts mit Boden ohne Lochung; Falzbein oder glatte Holzstäbe oder stumpfe Bleistifte; evtl. Doppelklebeband; evtl. Schere; Münzen, Schlüssel, Kämme, Muschel, grobes Holz, harte Blätter mit starken Blattadern und andere Dinge mit deutlicher Struktur

Die Idee

Legt man die feste Alufolie einer Grillschale über einen Gegenstand mit Relief, kann man durch kräftiges Reiben mit dem Finger dessen Oberfläche perfekt auf das Aluminium durchreiben: Zum Beispiel sehen durchgeriebene Silbermünzen aus wie echtes Geld.

Vorher …

… den Rand der Grillschalen abtrennen und den Boden in kinderhand-große Stücken schneiden. Eingeprägte Wellen durch Ziehen über eine Kante oder vorsichtiges Hämmern entfernen. Legen Sie die Gegenstände zum Abformen in einem flachen Gefäß bereit.

So geht's

Führen Sie den Kindern die Technik einmal vor: Einen Gegenstand unter die Folie legen und kräftig reiben – dann tritt die Struktur eindrucksvoll hervor. Es macht Spaß, immer neue Dinge auf diese Weise zu „kopieren" und vielleicht sogar die entstandene Kopie auszuschneiden oder weiter zu bearbeiten. Damit der Gegenstand nicht verrutscht, können Sie ihn mit Doppelklebeband am Untergrund festkleben.

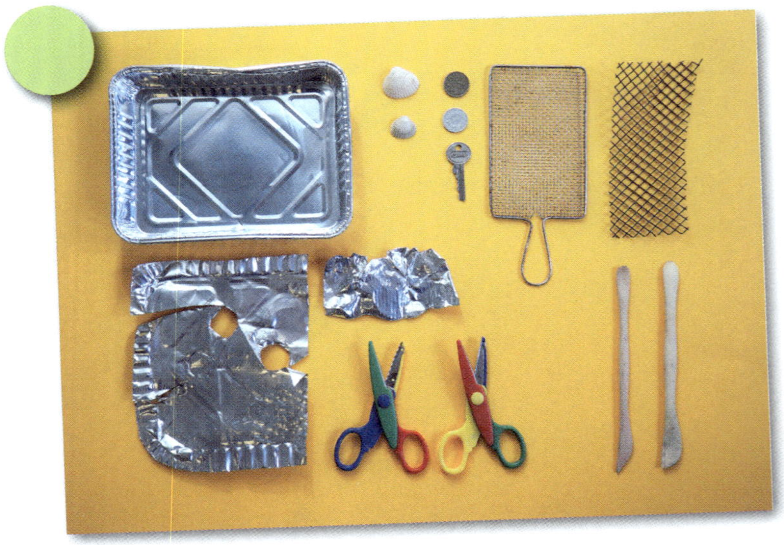

Elsa
Anna

Rote-Bete-Druck & Kohlmalerei

➔ **Material:** Rote Bete, Rotkohl, Zitronen, Kaisernatron, Wasser, Schälchen, Schmirgelpapier oder Reibe, festes weißes Zeichenpapier, Löffelchen oder Pipette, Messer (VB), Brettchen (VB)

Die Idee

Ohne zusätzliche Farbe kann man Bete auf das Blatt drücken oder stempeln, und aus einem etwas aufgerauten Rotkohl tritt knallig roter Saft aus. Faszinierend, dass sich beide Farben durch Zitrone oder Natron erheblich verändern lassen!

Vorher....

... die äußeren Rotkohlblätter ablösen, bis nur noch eine kleine Kugel vor Ihnen liegt, die Sie halbieren. Die Zitrone halbieren oder in dicke Scheiben schneiden. Einen Teelöffel Kaisernatron in einem flachen Becher in Wasser auflösen und Löffel oder Pipette dazulegen. Die Roten Bete ebenfalls halbieren und an der Schnittfläche in interessante Formen schneiden.

So geht's

Ein saftiges Rot zeigt sich auf dem Papier, wenn man die Rote Bete aufstempelt. Weniger deutlich ist der Abdruck des Rotkohls. Mit Schmirgelpapier oder Reibe etwas aufgeraut und mit Zitrone betupft, tritt der rote Saft aus. Der lässt sich mit dem Finger verschmieren. Beim Malen stellen die Kinder fest, dass die Bilder verblauen. Stempelt man mit der Zitrone darauf, entsteht von dieser ein Abbild in knallroter Farbe. Lässt man Kaisernatron auf die Gemüsesaft-Spuren tropfen, verwandelt sich die Farbe in ein kräftiges Türkis.

Sandschüttel-Bilder

→ Material: feiner, heller Sand; Fingerfarbe; evtl. Backofen (VB); feines Sieb; flache Gefäße; evtl. Kurkuma oder Paprikapulver, evtl. Kreide; evtl. Grillkohle; Klebe-Pens oder Tapetenkleister; Tonpapier in dunklen und kräftigen Farbtönen; flache Box oder hohes Tablett; evtl. Pinsel

Die Idee

Ein „Zaubermaler-Effekt" stellt sich ein, wenn die Kinder kaum sichtbare Kleberspuren mit Farbsand beträufeln, schütteln – und so die Kleberspuren sichtbar machen.

Vorher ...

... Farbsand herstellen (Rezept siehe S. 64) und jeweils eine kleine Menge von jeder Farbe in flachen Gefäßen bereitstellen. Alternativ zu Farbsand können Sie auch auf farbige Gewürze (Paprika! Kurkuma!) und zerriebene Grillkohle beziehungsweise Kreide zurückgreifen. Kleister anrühren oder fertige (aber teurere) Klebe-Pens bereitlegen.

So geht's

In schwungvollen Linien tragen die Kinder nun Kleber auf oder versuchen, unsichtbare Bilder zu malen. Am besten malt sich der Kleister mit Finger oder Pinsel. Dann streuen die Kinder Farbsand auf – am besten erst hier die eine, später dort die andere Farbe. Vorsichtig schütteln, Sand wieder aufsammeln, das entstehende Bild bewundern – und weitermachen!

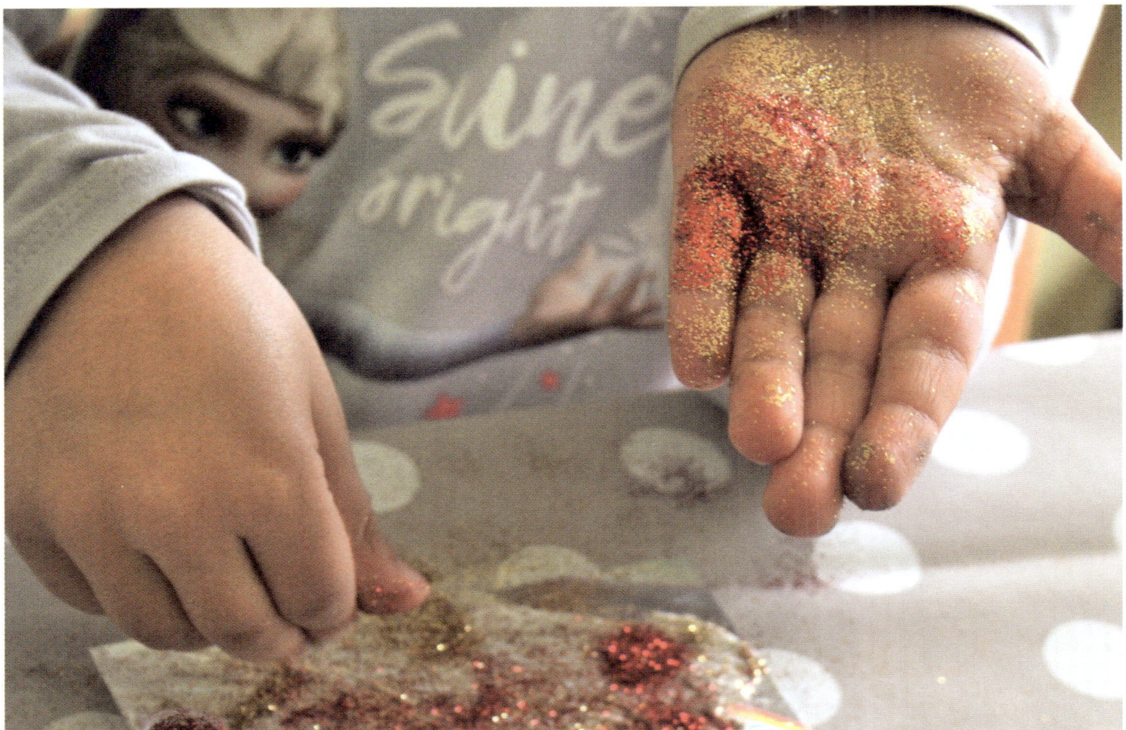

Zuckermilch-Bilder

→ **Material:** gezuckerte Kondensmilch (Tube oder Dose), Lebensmittelfarbe oder Fingerfarbe, Wattestäbchen, festes Zeichenpapier, flache Schälchen

Idee

Ein herrlich zähes, ziemlich kleckerfreies Malmaterial entsteht, wenn man gezuckerte Kondensmilch mit Farbe versetzt. Die bei Verwendung von Lebensmittelfarbe auch noch essbare Farbe, die nach dem Trocknen ihren sanften Glanz behält, lässt sich gut mit Wattestäbchen auf das Papier tupfen oder vorsichtig ausziehen.

Vorher …

… geben Sie die zuckerige Kondensmilch in mehrere Schälchen und rühren Sie so viel Farbe ein, dass ein schöner Farbton entsteht.

So geht's

Mit meditativem Tupfen können die Kinder nun die Farbe mithilfe der Wattestäbchen auf das Blatt setzen. Weil die Farbe so zäh ist, ist das Verrühren von zwei Farbtönen eine besondere Herausforderung und bringt schöne Schlieren hervor. Nach dem Trocknen erinnern die entstandenen Bilder an sensibel aufgetragene Aquarellfarben.
Zum Schluss kann man bei Verwendung von Lebensmittelfarbe ausnahmsweise einmal dazu raten, die Farbfinger einfach abzuschlecken. Süß!

Shine
bright

Stärkefarbe aus der Tortenspritze

→ **Material:** Kuchenspritze; Fingerfarbe; Wasser; Stärkemehl; Milchzucker; Pappe als Malgrund; evtl. goldene Kuchenteller als Malgrund; Schälchen; Kaffeelöffel etc.

Die Idee

Die Kuchenspritze ist eines der Haushaltsgeräte, die Kinder schon immer mal probieren wollten. Statt daheim Torten zu ver(un)zieren, kommt sie bei dieser Aktion – mit dem passenden Malmaterial – als kreatives Werkzeug zum Einsatz.

Vorher …

… die Farbe herstellen. Dazu einen Becher Maisstärke in ein Schälchen geben und die gleiche Menge Milchzucker hinzufügen. Vorsichtig Wasser dazugeben, bis die Masse ganz leicht zähflüssig wird. So viel Fingerfarbe einrühren, bis der gewünschte Farbton erreicht ist. Die Masse muss jetzt lange Fäden ziehen – gegebenenfalls Wasser oder Milchzucker / Stärke dazurühren.

So geht's

Die Masse mit einem Kaffeelöffel in die Kuchenspritze füllen und vorsichtig zudrücken. Bewegen die Kinder die Spritze dabei über dem Papier, läuft ein Farbfaden heraus, mit dem sich in sanften oder wilden Schwüngen zeichnen lässt.

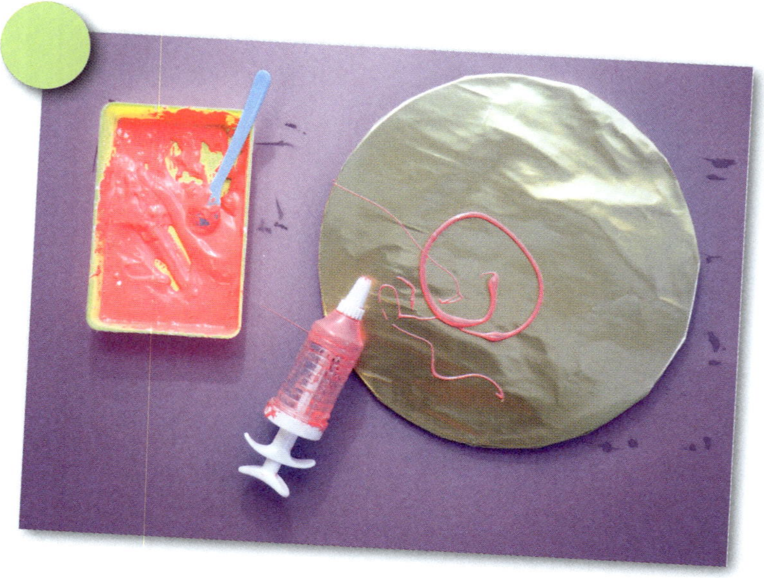

Shine
Bright

Erklärung

Erzähl-Café

Und wie geht die Geschichte weiter? Wie die Kaffeetanten und -onkel sitzen die Kinder bei den folgenden Kreativ-Aktionen manchmal zusammen, um sich Geschichten zu erzählen. Oder sie erzählen sich selbst etwas. Wichtiges Medium dabei ist immer eine kreative Technik. Sie bringt die Kinder zusammen. Sie lässt das, was die Kinder denken und noch nicht erzählen können, zu Bildern werden. Nicht selten greift das Material selbst in die Geschichten der Kinder ein, indem auf dem Bild aus Versehen ein Klecks landet, der von den Kindern sogleich als Spinne interpretiert wird, die sie sofort in die Geschichte integrieren ...

Zweierlei Federn zum Tuschen

➔ **Material:** Tablett oder flacher Pappkarton, Tusche, flache Dose, Doppelklebeband, Gänsefedern oder ähnliche Vogelfedern, Tuschfedern, evtl. Strohhalm, festes Zeichenpapier, Briefpapier, Cutter (VB), Klebeband (VB), evtl. rote Knete, Geldstück

Die Idee

„Früher haben die doch so geschrieben ...“: Wohl jedes Kind kennt Bilder von früheren Schulkindern, die Vogel- oder Stahlfedern in Tusche tunkten, um damit zu malen oder zu schreiben. Wir lassen die Technik aufleben, ohne dass es allzu schmutzig wird.

Vorher ...

... ein Tablett mit 5 cm hohem Rand aus einem Pappkarton schneiden – oder ein festes Tablett verwenden. Damit die farbintensive Tusche nicht umkippt, die Farbgefäße mit Doppelklebeband festkleben. Farbe bis zu 1,2 cm Höhe einfüllen, Papier zurechtlegen, gerne auch Umschläge. Eventuell noch Knete als Siegellack- und ein Geldstück als Siegel-Ersatz. Die Gänsefedern schräg mit der Schere anschneiden, damit sie Farbe aufnehmen und schreiben können.

So geht's

Mal kratzig, mal schwungvoll lässt sich mit den Federn Tinte aufs Blatt bringen. Das kann die Kinder durchaus herausfordern – die Tusche tropft, malt nur kurz. Sind Bilder fertig und trocken, können sie nach altväterlicher Sitte im Umschlag mit Siegel versendet werden. Wer ist der berittene Bote?

Only

Ich im Goldspiegel

➔ **Material:** Goldrahmen, Spiegel in passender Größe; bunte Kreidestifte; Stoff- oder Küchentuch; evtl. Kreidespray, Holzstäbchen

Die Idee

Wenn man auf einen Spiegel malt, sieht man sich automatisch beim Malen zu. Mit bunten Kreidemalstiften lässt sich gut auf dem Spiegel malen, und missliebige Ergebnisse sind flott wieder weggeputzt.

Vorher ...

... beschaffen Sie einen schönen Spiegel. Wer mag, kann den Spiegel mit goldener Krone und Perlen schmücken. Den Spiegel auf einem Tisch in einer Raumecke aufstellen, wo die Kinder Ruhe und Muße haben, sich interessiert zu betrachten. Kreidemaler und Stoff- oder Küchentuch bereitlegen

So geht's

Mit den Kreidemalern lässt es sich gut auf dem glatten Spiegel malen, dabei verschwindet ein Stück des eigenen Gesichts. Das macht aber nichts, denn man kann sich selbst neue Augen, einen neuen Mund oder fantastische Bekleidung malen. Was nicht gefällt, wird einfach weggewischt. Wer mag, verschmiert die Kreide mit dem Finger, um in diese Farbschicht mit Holzstäbchen oder Wattestäbchen hineinzuzeichnen.
Wird der Spiegel von Anfang an partiell oder komplett mit Kreidespray zugesprayt, können die Kinder Bilder mit einem Holzstab hineinkratzen, bis sie am Schluss die eigenen Augen anschauen.

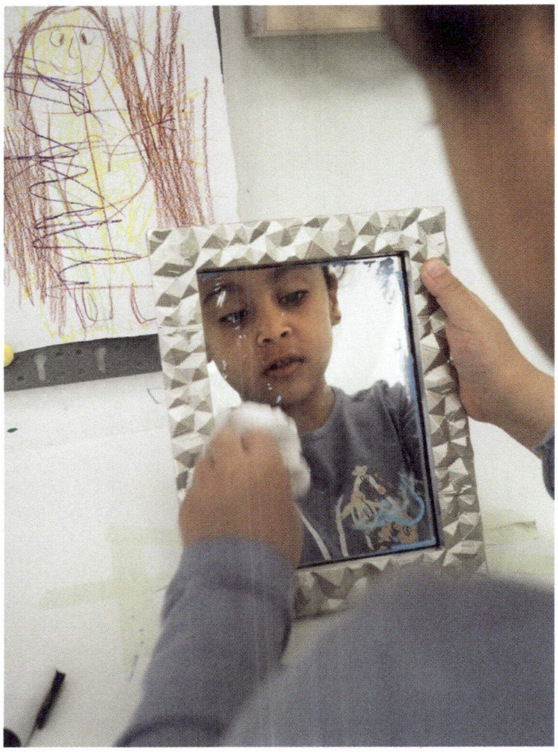

Ton und Co. in Wanne oder Matschecke

➔ **Material:** Plastikwanne, alternativ zusätzlich große, feste Folie; ca. 5 kg Ton; Wasser in Spritzflasche; dünne Holzstäbe oder Schaschlikstab und Löffelholz; Naturmaterial wie Stöcke, Zapfen, Zweige, Steine; Walze; strukturierte Materialien wie Siebe, etwas Maschendraht, Platte von Bügelperlen; evtl. Plastikfiguren; evtl. Murmeln; evtl. Knoblauchpresse;.

Die Idee

Ein flaches Becken mit Ton gehört in jede Kreativ-Ecke. Das sinnliche Material eignet sich perfekt dafür, Gedanken und Geschichten in plastische Formen zu übersetzen. Zusatzmaterialien inspirieren die Kinder zum Experimentieren und zum Schaffen von Fantasiewelten. Und wer Platz hat, richtet zur Box eine weite Ton-Schmier-Ecke auf dem Boden ein – auf einem auf den Boden geklebten Stück Folie.

Vorher ...

... frischen Ton stückweise in die Box geben, bis deren Boden komplett einige Zentimeter bedeckt ist. Die Zusatzmaterialien bereitlegen. Inspirierend kann es aussehen, wenn Sie einige Äste wie Baumstämme hineinstecken und beispielhaft durch Abdrucken des Siebes oder Durchdrücken mit der Knoblauchpresse interessante Strukturen erzeugen.

So geht's

Der frische Ton ist herrlich formbar. Manche Kinder beginnen schnell, das Material zu erkunden und versenken sofort ihre Hände darin. Andere schrecken vor dem sinnlichen Reiz zunächst zurück. Ihnen hilft es, wenn Sie das Material zunächst gemeinsam als universelles Baumaterial erkunden.

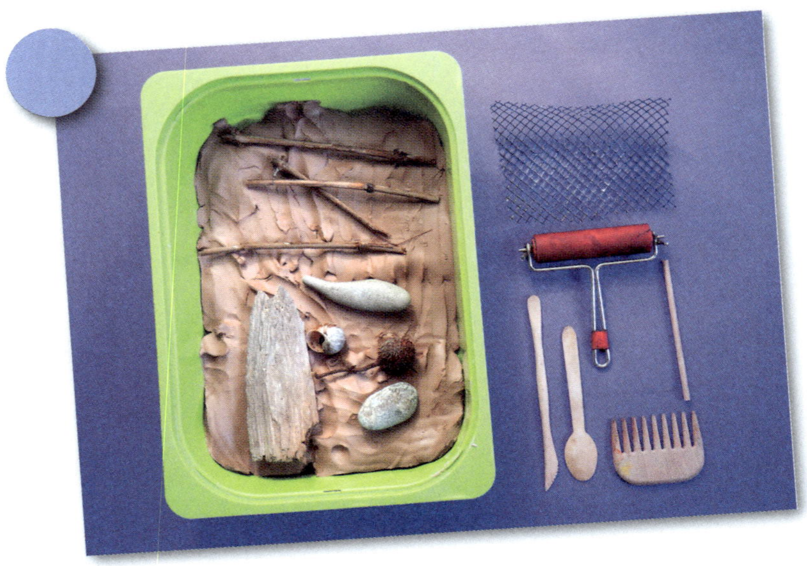

Bekritzel-Stuhl

→ **Material:** Tisch oder Stuhl; Bunt-, Filzstifte und Wachskreiden, dünnes Zeichenpapier auf Rolle; Schere; Klebeband; evtl. Wellpappe und ungewöhnliche Papiersorten wie Tapete; evtl. flache Gegenstände wie Eiskratzer, Glitzersteine etc.

Die Idee

Ein Möbelstück über und über bekritzeln – das ist erlaubt am mit Papier bezogenen Bekritzel-Stuhl. Spannende Malflächen ergeben sich da – mal vertikal, mal horizontal und manchmal auch krumm.

Vorher ...

... Stuhl oder Tischchen mit Papier von der Rolle umwickeln und alles mit Kreppklebeband befestigen, bis das Möbelstück wie ein Kunstwerk von Christo aussieht. Um das Kritzeln noch spannender zu machen, können Sie auf Tischplatte oder Stuhlsitzfläche flache Gegenstände legen und diese mit dem Papier überziehen. An vertikalen Flächen können Sie Wellpappe oder strukturierte Tapete über oder unter dem Rollenpapier ankleben. Unterschiedliche Stifte bereitlegen.

So geht's

Die großen und unterschiedlich geformten Malflächen sind ein starker Impuls für Kinder, sie mit dem Stift zu erobern. Ältere mögen vielleicht Figuren darauf malen, Jüngere lieben es, einfach ein Möbelstück mit dem Stift beschmieren zu können. Wenn das Papier allmählich Löcher bekommt, wird es gemeinsam entfernt – die schönsten Ecken als Souvenir aufbewahren.

MICKEY
MOUSE

Glitzer-Tablett

➔ **Material:** Teelicht-Hüllen aus Alu, Getränkedosen, Alu-Grillschalen; Streuglitzer, Glitzersteine; Schere, Zackenschere, Zange; Bürolocher; leerer Kugelschreiber; Montagekleber; Cutter (VB)

Die Idee

Alles, was glitzert trifft sich bei diesem Set. Mit Scheren und Lochern können die Kinder Teelichte, Getränkedosen oder Grillschalen bearbeiten, mit Streuglitzer bekleben und vielleicht sogar Schmuckstücke daraus herstellen. Völlig ungefährlich und total effektvoll.

Vorher ...

... den Deckel der Getränkedosen abschneiden und die glatten Seitenwände zu einer rechteckigen Metallfläche zurechtschneiden. Bei einigen Teelicht-Hüllen können Sie in die Seitenwände Schlitze bis zum Boden schneiden, damit sie sich leichter auffalten lassen. Mit der Zackenschere ein paar animierende Alu-Blechstücke zurechtschneiden.

So geht's

Die Ränder einer zerschnittenen Getränkedose sind ebenso wie die des Teelichtes nicht schärfer als Papier oder Plastik, sodass die Kinder sich kaum daran verletzen können. Es fällt ihnen leicht, aus dem glatten Metall Formen auszuschneiden. Mit dem Bürolocher lassen sich Löcher stanzen, die Plättchen kommen als Deko-Elemente zum Einsatz. Zur Bearbeitung der Metallflächen mit dem Kugelschreiber kleine Dellen hineinpieken. Metallstreifen können – mit der Zange gebogen – zu Ringen oder Armreifen werden, die zum Schluss mit Glitzersteinen oder reichlich Streuglitzer, drapiert auf Montagekleber, verziert werden.

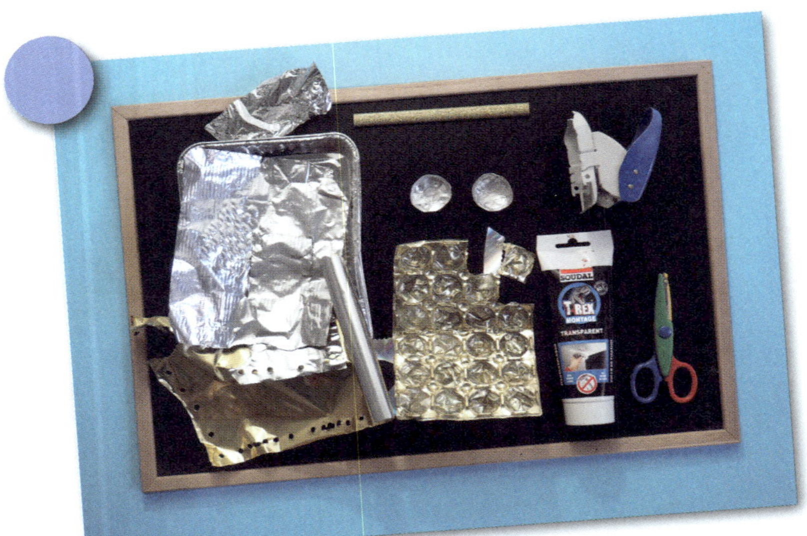

Plexiglasscheiben-Kopierer

➔ **Material:** Plexiglasscheiben A3 oder A4; saugfähiges Malpapier; Finger- oder Puddingfarbe; Pinsel in verschiedenen Dicken; Kasten mit Zeichnungen oder Fotos, die die Kinder mögen

Die Idee

Egal ob Zeichnungen aus Bilderbüchern oder von anderen Kindern: Durch Abmalen, wissen Kitakinder, kann man sich Zeichentricks abschauen. Bei diesem „Kopierer" malen die Kinder ab, indem sie unter einer Plexiglasscheibe liegende Vorlagen auf diese obendrauf abmalen, um dann ein Papier über ihre „Kopie" zu legen und das Werk damit seitenverkehrt abzupausen – mit der Technik der Monotypie.

Vorher ...

... suchen und sammeln Sie geliebte Abbildungen aus Büchern (Farbkopie anfertigen) und sammeln passende Konturzeichnungen, vielleicht auch Ausmalblätter und Blätter mit großen Buchstaben.

So geht's

Was unter der Glasscheibe liegt, pausen die Kinder nun ab, indem sie es mit Fingerfarbe auf der Scheibe nachmalen oder einfach nur die sichtbaren Konturen ausfüllen. Ist alles abgemalt, wird kopiert, indem das Kind ein Blatt sorgfältig auf die Scheibe legt, ein wenig darüberstreicht und es gespannt abhebt. Zwar führt dick aufgetragene Farbe dazu, dass sich das Bild verändert, aber das macht oft besonders Spaß. Bei Verwendung von zäher Puddingfarbe (siehe S. 64) verlaufen die Abdrücke etwas weniger.

Schnipsel-Weiterzeichen-Tablett

➔ **Material:** Kopien von Zeichnungen und Illustrationen aus Bilderbüchern, in Schnipsel zerschnitten; evtl. ausgeschnittene Bilder der Kinder selbst; Fineliner, Klebstoff; Buntstifte; evtl. Fingerfarben, Wasserbecher und Pinsel; evtl. bunte Schnipsel von aussortierten Kinder-Kunstwerken

Die Idee

Ist erst mal eine interessante Figur auf ein Blatt geklebt, fällt das Geschichtenerfinden leicht. Nach diesem Grundsatz dienen bei dieser Aktion bewusst ausgewählte Schnipsel als Inspiration für gemalte und / oder collagierte Bilder.

Vorher ...

... kopieren Sie bei den Kindern beliebte Figuren aus Bilderbüchern oder Fotos der Kinder und schneiden oder reißen Sie die Figur aus. Gut geeignet sind Zeichnungen mit spannenden Gesichtsausdrücken. Die Figuren kommen in eine Schale, in eine andere offenes Collagematerial – wie gerissene Schnipsel von ausgedienten Kinderbildern.

So geht's

Mit unterschiedlichen Techniken kleben oder malen die Kinder nun nach dem Auswählen und Aufkleben ihrer Bildfiguren das, was sie in deren Gesichtern erkennen: „Hier sieht Conni sauer aus. Vielleicht, weil ihr ein Dino das Fahrrad gefressen hat?" Die Fotos der Kinder kommen zum Einsatz, damit sie sich selbst in ihre Geschichten einbauen können. Bevor die Geschichten geklebt werden, macht es Spaß, sie einmal zu zweit zu spielen.

LOVE

Stempel-Straßenwalze

➔ Material: Stück Rohrisolierung oder Schwimmnudel in der Breite eines Stempelkissens; Stempelkissen; Moosgummi; Doppelklebeband; Stift oder Holzstab; Cutter / Schere; Packpapierbahn oder anderes großformatiges Papier; Spielzeugautos

Idee

Randstreifen, Radstreifen, Mittelstreifen, Zebrastreifen: Viele Kinder lieben es, kleine Autos auf vorgegebenen Verkehrswegen herumrollen zu lassen. Mit einem Rollstempel können die Kinder die Straßenführung selbst festlegen.

Vorher ...

... stellen Sie zwei Walzen her, die als Rollstempel Randstreifen und Mittelstreifen einer Straße beziehungsweise einen Zebrastreifen erzeugen. Dazu ein Stück Rohrisolierung oder Schwimmnudel in der Breite des Stempelkissens zuschneiden, das zweite Stück darf schmaler sein. Nun für die große Rolle vom Moosgummi drei etwa 0,8 cm breite Streifen abschneiden, die so lang sind, dass sie einmal um die Rolle passen. Eine Seite mit Doppelklebeband bekleben. Zwei der Streifen kleben Sie rechts und links um die Rolle – die stempeln die Seitenstreifen-, den dritten zerlegen sie in 4 cm lange kurze Streifen, denn das werden die kurzen Mittelstreifen. Für die zweite Rolle kleben Sie breitere, kürzere Streifen quer auf – das ist die Zebrastreifen-Rolle. Durch beide Rollen stecken Sie als Griff einen Holzstab.

So geht's

Einmal gründlich mit der Rolle durchs Stempelkissen, damit sie Farbe aufnehmen kann, dann beginnt der Roll-Spaß. Fix gewalzt ist ein ziemlich langes Stück Straße, und die Spurweite passt gut für Mini-Autos. Weil Fußgänger auch Rechte haben, werden mit der zweiten Rolle Zebrastreifen gerollt.

Selbermachen / Bezugsquellen / Dank

Alu-Grillschalen: Online oder in der Haushaltswarenecke im Supermarkt beziehungsweise Drogerie erhältlich.

Fahrradteile, z. B. Kettenräder: Im Fahrradladen fragen, ob man im Schrotteimer stöbern darf. Die schmierigen Teile, falls der Fahrradhändler das nicht macht, grob mit Küchentuch und alter Zahnbürste säubern, danach mit Waschbenzin auf Küchentuch abreiben.

Farbsand: Sand mit reichlich Farbe einfärben, auf Backblech o. Ä. ausbreiten und entweder einen Tag trocknen lassen oder etwa eine halbe Stunde im Backofen bei 150 Grad erwärmen, bis er trocken ist. Dann durch ein Sieb streichen oder zermörsern.

Fugenfüllprofil: Meist aus grauem Kunststoff, etwa 2 cm breites, mehrere Meter langes weiches Rohr. Gibt es in jedem Baumarkt preiswert. Leicht zu schneiden und zu stecken.

Haushaltsartikel: Tortenspitzen, goldene Tortenplatten, Kuchenspritzen, Schwämme gibt es am preiswertesten im Non-Food-Discount oder im Netz.

Kreidestifte: Auch Kreidemarker genannt. Online oder im Hobbyladen erhältlich. Nach Möglichkeit keine wischfesten Stifte nehmen!

Pauspapier: Auch als „Durchschreibpapier“ im Netz oder im Schreibwarenladen erhältlich. Bunte Bögen gibt es, weil für das Durchpausen von Schnittmustern nützlich, im Bastelbedarf oder Handarbeitsgeschäft.

Puddingfarbe: 1 Tasse Mehl, 1 Tasse Wasser, eine halbe Tasse Zucker, eine halbe Tasse Salz vermischen. Vorsichtig erwärmen, viel rühren! Dann lange haltbar.

Rohrisolierung: Ebenfalls grauer, geschäumter Kunststoff, preiswert erhältlich im Baumarkt. Besonders ungeschlitzte Modelle eignen sich gut für allerlei kreative Zwecke.

Schwimmnudeln: Auch als „Poolnudel“ vermarktete Stange aus geschäumtem Kunststoff. In der Badesaison im Sportgeschäft und oft im Baumarkt zu erwerben. Ganzjährig im Netz zu finden, dort oft preiswerter (1–2 Euro pro Nudel!)

Stempelfarbe: Online, im Hobbyladen oder Kopierladen erhältlich. Achtung: Färbt intensiv, verschwindet von Fingern erst nach einem Tag.

Ton: Online bestellen oder nach Töpfereien in der Gegend schauen, dort erfragen. Eine preiswerte Alternative ist aus Tonmineralien bestehendes Klumpstreu für Katzen (ohne Zusätze!), das einen Tag vorm Einsatz mit reichlich Wasser eingeweicht werden sollte. Auch der nah verwandte Flusslehm eignet sich hervorragend.

Der Autor dankt dem Team
und den Kindern der Kita Moritz von
den Hauptstadtkindern,
dass er die im Buch vorgestellten Aktionen
trotz Corona-Zeit erproben und
fotografieren konnte.